TRAITÉ PRATIQUE

Et très complet   *5829*

DES PRINCIPES ÉLÉMENTAIRES DE LA MUSIQUE

A l'Usage des Chanteurs et Musiciens.

Suivi :

D'un exposé des premiers principes de l'harmonie;
traitant du choix des Clefs dans la transposition.

PAR

RAOUL BENOIT

Professeur de Solfège.

Prix net : 5ᶠ

C. JOUBERT & Cⁱᵉ. Editeurs, 25, Rue d'Hauteville, 25.
Paris

Belgique   Allemagne, Autriche-Hongrie.
J.B. KATTO à Bruxelles.   BREITKOPF et HARTEL à Leipzig.

1899

PRÉFACE

Monsieur,

J'ai lu avec beaucoup d'intérêt le traité pratique des principes élémentaires de la musique que vous m'avez envoyé.

Ce traité m'a semblé disposé, redigé avec ordre et beaucoup de clarté.

Les notions relatives au rythme sont surtout exposées avec méthode. La manière de battre les mesures simples et d'analyser les temps des mesures composées est démontrée et rendue visi_ _ble d'une façon fort ingénieuse.

Votre ouvrage est utilement complété par la nomenclature et la traduction des termes italiens qui désignent les nuances et les mouvements. Ces termes italiens étant souvent mal com _pris, il était bon d'en donner une explication rationnelle.

Je pense, Monsieur, que votre traité rendra des services réels à l'Enseignement musical.

Recevez l'assurance de mes sentiments distingués.

LAURENT DE RILLÉ.

Directeur général du service du chant dans les écoles de la ville de Paris et du Dép.¹ de la Seine.

I^{RE} LEÇON

DE LA MUSIQUE_DES NOTES_DE LA PORTÉE.

La *Musique* est l'art de combiner les sons entre eux et de les expri_
_mer, soit à l'aide de la voix, soit par l'intermédiaire d'un instrument
quelconque.

Pour écrire la musique et afin de rendre sensible à l'œil l'expres_
_sion des sons, on se sert de signes appelés: *Notes* qui se placent sur
la *Portée*.

On appelle *Portée* musicale une série de cinq lignes horizontales
et parallèles formant par leur réunion quatre *Interlignes*.

Lignes et interlignes se numérotent toujours de *bas en haut*.

EXEMPLE :

		. . . . 5e ligne
4e interligne . . .		. . . . 4e ligne
3e interligne . . .	PORTÉE MUSICALE :	. . . . 3e ligne
2e interligne . . .		. . . . 2e ligne
1re interligne . . .		. . . . 1re ligne

Les notes dans la musique sont au nombre de *sept*

(1) DO, RÉ, MI, FA, SOL, LA, SI.

qui se placent ainsi sur la portée :

____

(1) Cette note se désigne aussi par l'ancienne appellation *UT* mais le terme *DO* est plus généralement employé.

QUESTIONNAIRE : 1. Qu'est-ce que la musique ?

2. De quels signes se sert-on pour écrire la musique ?

3. Qu'est-ce qu'une portée musicale ?

4. Comment se numérotent les lignes et interlignes ?

5. Nommez les sept notes de la musique.

6. Comment se placent les notes sur la portée musicale ?

IIme LEÇON

DES LIGNES ADDITIONNELLES _ DE LA GAM ME _ DE L'OCTAVE.

Si l'on fait le total des notes contenues dans une portée musicale, on verra que ces notes sont au nombre de *neuf* dont *cinq* sur les li_ _gnes et *quatre* dans les interlignes.

EXEMPLE :

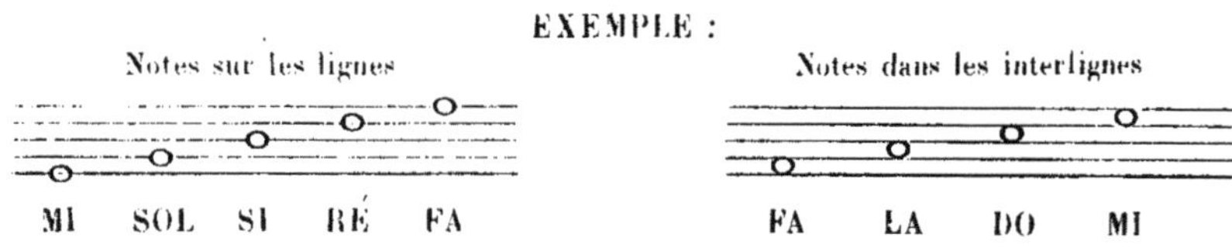

Mais les instruments et les voix peuvent dépasser de beaucoup cette étendue ; de là, la nécessité d'avoir recours à de petites lignes supplémen_ _taires .

On appelle lignes *supplémentaires* ou *additionelles*, les lignes destinées à recevoir les notes qui, selon le caprice du compositeur, sont appelées à pren_ _dre place en dehors de la portée

Les lignes additionnelles peuvent s'employer *au-dessus* comme *au-dessous* de la portée ; le nombre en est *indéterminé*.

LIGNES ADDITIONNELLES

EX :

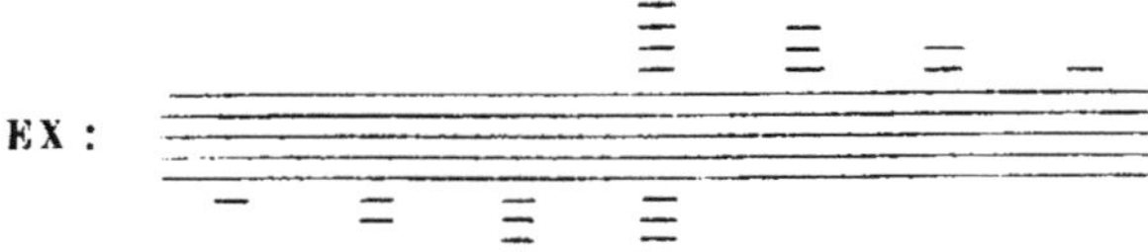

Exercices pour apprendre à l'élève à se familiariser avec les notes placées sur la portée.

L'élève fera bien, avant de nommer chaque note, de s'assurer par un rapide coup d'œil jeté en tête de la portée que le nom qu'il donne à cette note est bien celui qui lui convient.

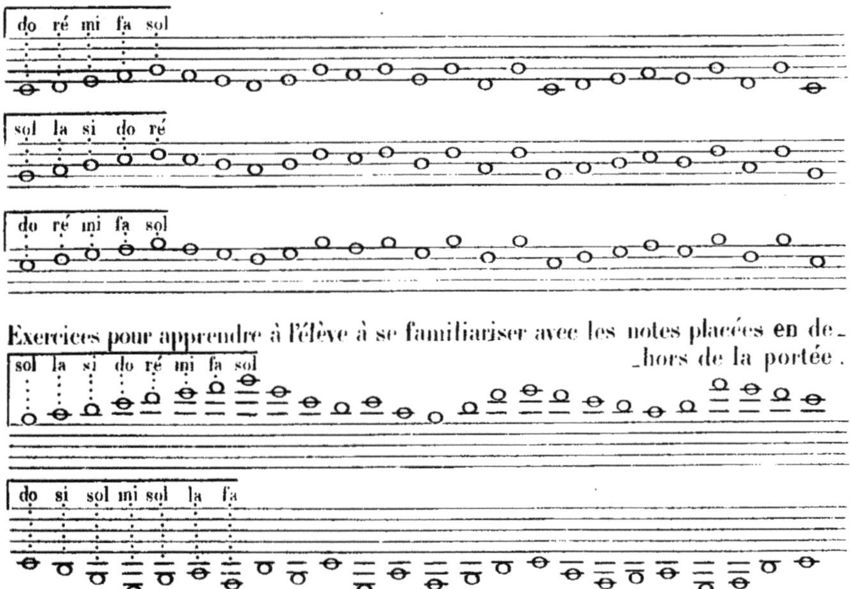

Exercices pour apprendre à l'élève à se familiariser avec les notes placées en de_hors de la portée.

L'élève devra travailler les exercices ci dessus jusqu'à connaissance com_plète de ses notes, lesquelles devront être nommées lentement et à voix haute.

4

En disposant les sept notes de la musique par rang d'ordre = do, ré, mi, fa sol, la, si, sur la portée musicale, on obtient une gamme *diato_ _tonique*.

GAMME DIATONIQUE

Pour obtenir une gamme diatonique *complète* et afin d'offrir un re_ _pos à l'oreille, ont est obligé d'ajouter à la suite du *si* un huitième note *ut*, qui forme avec l'ut d'en bas un intervalle *d'octave*.

Cet ut ou *do* peut devenir le point de départ d'une ou de deux au_ _tres gammes plus élevées, mais de même composition que la première.

EX: GAMME MONTANTE

GAMME DESCENDANTE

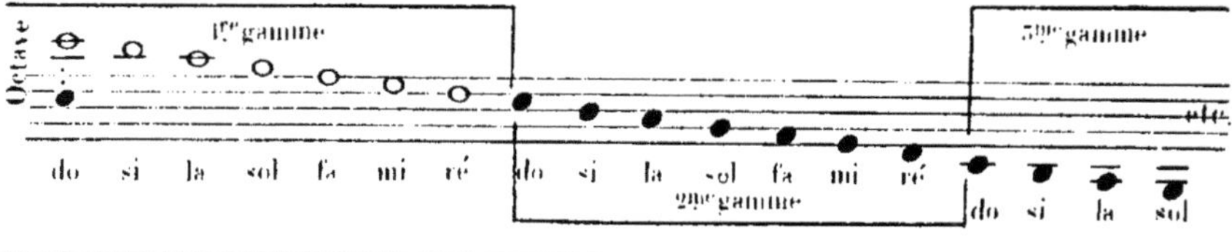

QUESTIONNAIRE: 1. Qu'appelle-t-on lignes supplémentaires ou addition_ _nelles?

2. Comment s'obtient une gamme diatonique?

3. Cette gamme diatonique sera-t-elle complète?

4. Comment obtient-on une gamme diatonique complète?

IIIme LEÇON

DES CLEFS.

Les notes ne se chantent ou ne s'exécutent pas toujours telles qu'el_
_les sont écrites, cela dépend d'un signe placé à gauche au commence _
_ment de la portée et que l'on nomme *clef*.

Une *clef* sert donc à indiquer la véritable position des notes sur
la portée musicale.

Il y a trois sortes de clefs :

La clef de *sol* la clef d'*ut* et la clef de *fa*

La clef de sol sert à noter les sons *aigus* et se place sur la *deuxiè_*
_me ligne.

EXEMPLE :
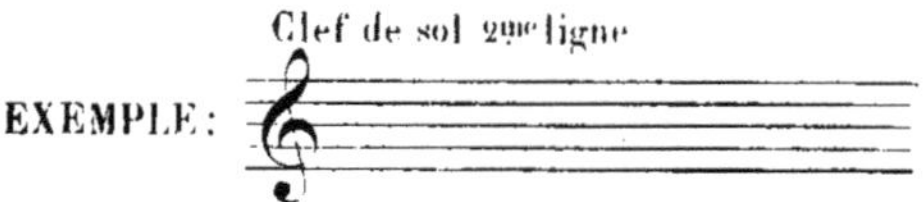

La clef d'*ut* sert à noter les sons *moyens* et se place sur

la première   la deuxième   la troisième   et la quatrième ligne.

EXEMPLE:

Enfin la clef de *fa* sert à noter les sons *graves* et se place sur la quatrième ligne.[1]

EXEMPLE :

Clef de fa 4me ligne

De ces trois sortes de clefs, la seule qui permette de lire les no_les telles qu'elles sont écrites sur la portée est la clef de *sol deuxiè_me ligne*; les autres étant plus compliquées nous en renvoyons l'appli_cation à la page 68 de notre supplément.

QUESTIONNAIRE: 1. A quoi sert une clef?

2. Combien y a-t-il de sortes de clefs?

3. A quoi sert et où se place la clef de sol?

4. A quoi sert et où se place la clef d'ut?

5. A quoi sert et où se place la clef de fa?

[1] Il existe aussi une clef de Fa troisième ligne et une clef de Sol première li_gne mais elles ne sont usitées de nos jours qu'en transposition.

IV.ᵐᵉ LEÇON

DES NOTES ET DE LEUR VALEUR.

Il arrive souvent qu'en musique on veuille modifier la durée des sons.

Pour exprimer et modifier la durée des sons, on se sert de notes de différentes valeurs.

Ces notes sont de sept espèces, savoir :

La ronde .... o

La blanche ....

La noire ....

La croche ....

La double croche ....

La triple croche ....

La quadruple croche ....

QUESTIONNAIRE : 1. En musique, de quoi se sert-on pour modifier et expri_mer la durée des sons?

2. Combien y a-t-il de différentes espèces de notes?

3. Nommez ces notes.

x

TABLEAU COMPARATIF DE LA VALEUR RELATIVE DES NOTES

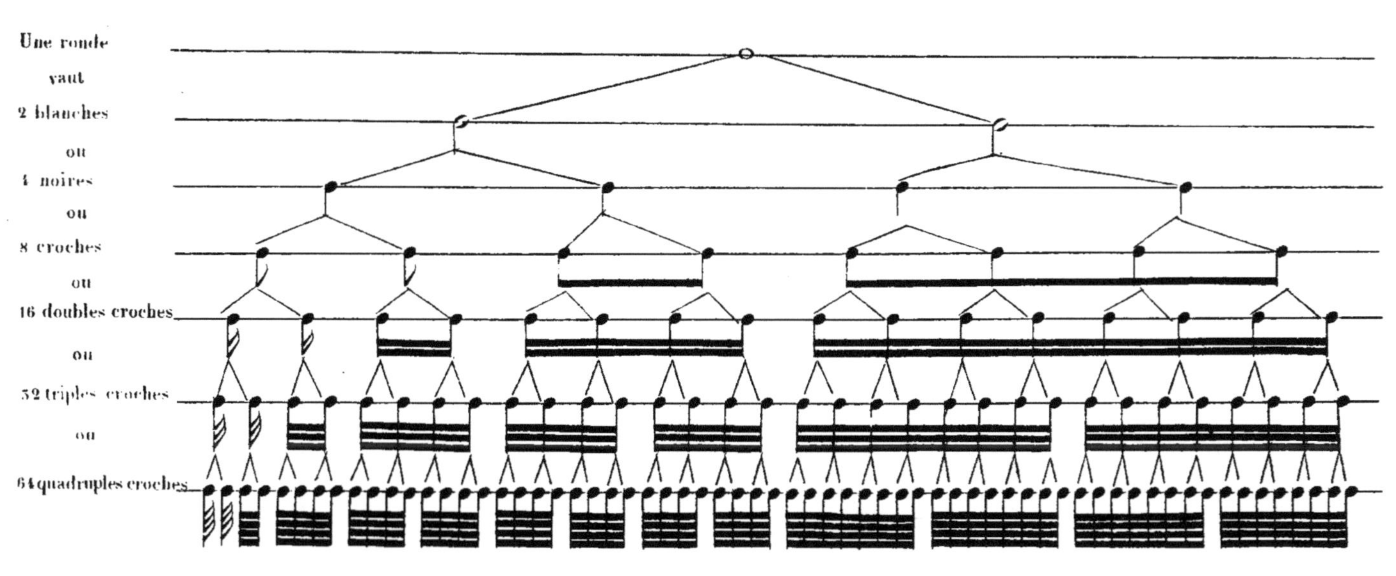

L'élève devra étudier à fond ce tableau très important au point de vue de la valeur des notes et du rapport de ces notes entre elles

Vme LEÇON

DES SILENCES ET DE LEUR VALEUR.

On appelle *silence* tout signe indiquant l'interruption momentanée d'un son.

Il y a *sept sortes* de silences, c'est-à-dire un pour chaque espèce de note dont il représente exactement la valeur.

Ces silences sont :

La pause, la demi-pause, le soupir, le demi-soupir,

le quart de soupir, le demi-quart de soupir, et le seizième de soupir.

La pause : . . . . équivaut à la ronde . . . . . o
(se place sous la 4me ligne)

La demi-pause : . . . . équivaut à la blanche . . . . .
(se place sur la 3me ligne)

Le soupir : . . . . ou . . . équivaut à la noire . . . . . .
(la tête du soupir est à droite)

Le demi-soupir : . . . . équivaut à la croche . . . . .
(la tête du demi-soupir est à gauche)

Le quart de soupir : . . . . . . équivaut à la double croche . .

Le demi-quart de soupir : . . équivaut à la triple croche . .

Le seizième de soupir : . . . . équivaut à la quadruple coche .

(Autant de têtes à ces trois derniers silences qu'il y a de crochets à leur note équivalente)

TABLEAU DES SILENCES ET DE LEUR NOTE ÉQUIVALENTE.

la pause	la demi pause	le soupir	le demi soupir	le quart de soupir	le demi-quart de soupir	le seizième de soupir

équivaut
à

On rencontre quelque fois dans le courant d'un morceau, principale_ _ment dans les parties d'orchestre, une barre transversale surmontée d'un chiffre quelconque.

EXEMPLE :

Cela veut dire que le chanteur ou l'exécutant ait à observer le si_ _lence quatre ou huit mesures selon le chiffre placé au-dessus de la barre transversale.

On emploie généralement la *pause* comme silence d'une mesure quel_ _le que soit la valeur de cette mesure.

EX :   pour

QUESTIONNAIRE : 1. Qu'appelle-t-on silence ?

2. Combien y a-t-il de différentes sortes de silences ?

3. Nommez-les et dites quelle est leur note équivalente.

VIME LEÇON

DU POINT ET DU DOUBLE POINT.

La valeur d'une note comme la valeur d'un silence peut être modi_
fiée.

D'abord à l'aide d'un *point*.

Puis à l'aide d'un *double point*.

Un point placé après une note augmente cette note de la *moitié de sa valeur*.

Prenons comme exemple une ronde pointée :

La blanche étant la seule note contenue deux fois dans une ron_
_de, cette dernière note une fois pointée vaudra, non seulement deux blanches, notes qui constituaient sa valeur primitive, mais en plus, la moitié de cette valeur, soit en tout : *Trois blanches.*

Partant de ce principe, on verra qu'une noire *pointée* vaut *trois cro_
_ches ;* une croche *pointée*, trois *doubles croches.* etc

EXEMPLE:

Le double point n'augmente la note après laquelle il est pla_ cé que de *la moitié de la valeur du point précédent*.

Une ronde doublement pointée vaudra donc :

Trois blanches et une noire, soit en plus de sa valeur primitive u_ ne blanche pour le premier point et une noire pour le second.

Cette règle s'applique non seulement aux notes, mais encore aux silences.

TABLEAU DES NOTES ET SILENCES POINTÉS AVEC LEURS VALEURS ÉQUIVALENTES :

QUESTIONNAIRE: 1. La valeur d'une note ou d'un silence peut-elle être modifiée?

2. Dites comment .

3. Quel est l'effet du point placé après une note ou un silence?

4. Quel est l'effet du double point placé après une note ou un silence?

VIIme LEÇON

DE LA MESURE ET DES TEMPS.

On appelle *une mesure* la division d'un morceau de musique en un certain nombre de parties courtes et d'égale durée.

Une mesure s'indique au moyen de deux petites barres verticales qui traversent parallèlement la portée de distance en distance, et que l'on nomme: *barres de mesure*.

La *double barre de mesure*: s'emploie avant un changement d'armure ou de mesure, ou pour séparer les différentes parties d'un morceau.

A moins d'un changement de mesure, ou de mouvement, chacune des mesures qui composent un morceau doit contenir, non la même quantité de notes mais la *même quantité de valeurs*. Exception est fai_te à cette règle pour la première mesure qui peut, au gré du compo_ _siteur, rester incomplète.

EXEMPLE:

Pour avoir un point de départ régulier dans la formation des me_
_sures, on a adopté la *ronde* comme *base de valeur*.

Lorsque par suite de la fantaisie du compositeur, le total des no_
_tes contenues dans une mesure forme une valeur inférieure à celle
qui doit exister en réalité, on complète la valeur absente par des silences.

DIFFÉRENTES COMPOSITIONS DE MESURE AYANT TOUTES LA VALEUR D'UNE RONDE

Chaque mesure se subdivise en un certain nombre de parties éga_
_les qu'on appelle *Temps*.

QUESTIONNAIRE: 1. Qu'appelle-t-on une mesure?

2. Comment s'indique une mesure?

3. Dans la formation des mesures, quelle note a-t-on
adoptée comme base de valeur?

4. Les mesures se subdivisent-t-elles?

VIII.ᵐᵉ LEÇON

DES DIFFÉRENTES SORTES DE MESURE.

Il y a deux sortes de mesures :

Les mesures *simples* et les mesures *composées*.

On appelle mesures simples les mesures dont les temps équivalent à des notes *simples* et sont *binaires ou divisibles par deux*. — On appelle, au contraire, mesures *composées* les mesures dont les temps équivalent à des notes *pointées* et sont *ternaires ou divisibles par trois*[1]

MESURES SIMPLES

chaque temps est divisible par deux

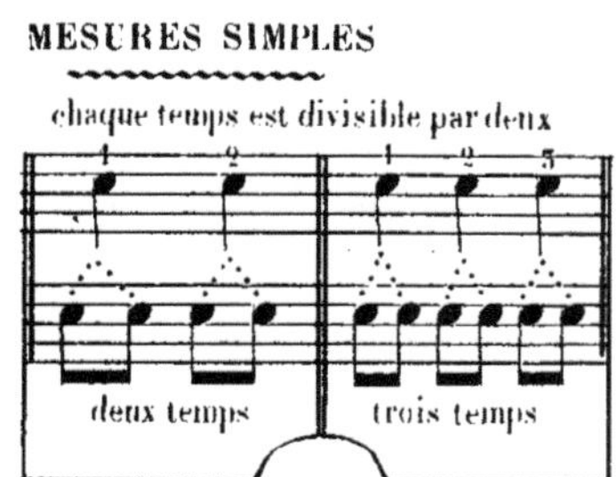

MESURES COMPOSÉES

chaque temps est divisible par trois

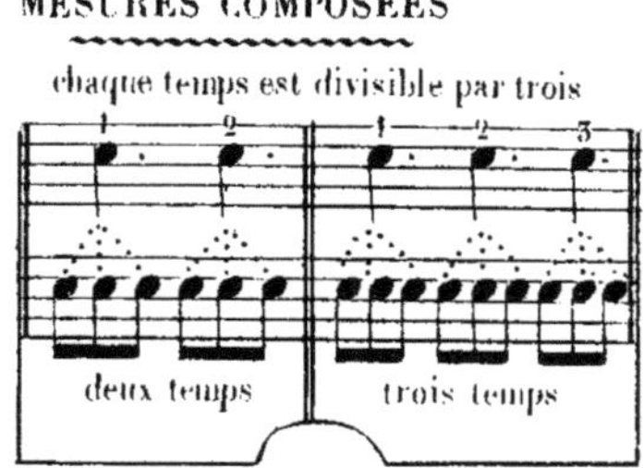

QUESTIONNAIRE : 1. Combien y a-t-il de sortes de mesures ?

    2. Qu'appelle-t-on mesures simples ?

    3. Qu'appelle-t-on mesures composées ?

[1] C'est donc à tort que certains auteurs ont classé la mesure à $\frac{3}{8}$ dans les mesures composées quoique cette mesure puisse dans certains cas se battre à 1 temps en mouvement de valse com_ _me la mesure à $\frac{3}{4}$, elle n'en reste pas moins une mesure à 3 temps dont chaque temps ou croche n'est divisible que par deux.

IXME LEÇON

DES MESURES SIMPLES.

Il y trois sortes de mesures simples :

A *deux temps*, à *trois temps* et à *quatre temps* .

Les mesures simples à *deux temps* les plus usitées sont :

La mesure dite à ₵ barré et la mesure dite à $\frac{2}{4}$ (deux quatre)

A deux temps :

Les mesures à trois temps les plus usitées sont les mesures dites à $\frac{3}{4}$ et les mesures dites à $\frac{3}{8}$

A trois temps :

La seule mesure à quatre temps en usage se chiffre par un **C** (sans barre) $\frac{4}{4}$ ou simplement un 4

A quatre temps :

Quatre notes dans la mesure dont une par temps.

Cette mesure sert de base à toutes les autres.

Dans les indications composées de deux chiffres comme les mesures dites à $\frac{2}{4}$, $\frac{3}{8}$, etc. le dénominateur indique la division de la ronde, et le numérateur combien il rentre de ces divisions ou valeurs dans une mesure.

Ainsi $\frac{3}{4}$ exprime une mesure formée de trois-quarts de ronde, soit 3 noi_res, $\frac{6}{8}$ une mesure formée de six-huitièmes de ronde, soit 6 croches.

QUESTIONNAIRE : 1. Combien y a-t-il de sortes de mesures simples?

Quelles sont les mesures simples à 2 temps les plus usitées?

Quelles sont les mesures simples à 3 temps les plus usitées?

Comment se chiffre la seule mesure à 4 temps en usage?

Dans une indication de mesure composée de deux chiffres, quelle est la signification de chacun de ces chiffres?

XME LEÇON

DES MESURES COMPOSÉES.

Il existe également des mesures composées à deux temps, à trois temps et à quatre temps.[1]

---

[1] On se sert aussi de mesures tant simples que composées à $\frac{2}{8}$, $\frac{2}{2}$, $\frac{5}{4}$, $\frac{6}{4}$, $\frac{9}{16}$ etc. — Voyez à ce sujet les œuvres de nos grands maîtres Wagner, Berlioz, St Saëns, Massenet, Th. Dubois. etc.

18

La seule mesure composée en usage à deux temps est la mesure à 6/8 (six-huit)

EXEMPLE :

La seule mesure composée à trois temps en usage est la mesure à 9/8 (neuf huit)

EXEMPLE :

La seule mesure composée à quatre temps en usage est la mesure à 12/8 (douze-huit)

EXEMPLE :

QUESTIONNAIRE :   Comment se chiffre la mesure composée à deux temps la seule en usage ?

Comment se chiffre la mesure composée à trois temps la seule en usage ?

Comment se chiffre la mesure composée à quatre temps la seule en usage ?

XI.ME LEÇON

DÉCOMPOSITION DES MESURES.
DES TEMPS FORTS ET DES TEMPS FAIBLES.

Afin d'arriver en musique à obtenir un ensemble parfait, il faut que la mesure soit nettement indiquée tant au chanteur qu'à l'exécutant par un mouvement de la main, ou du pied c'est ce qu'on appelle: *battre la me_sure*.

Les mesures, nous l'avons déjà dit, peuvent se subdiviser en plu_sieurs parties égales qu'on appelle temps.

Il y a deux sortes de temps : les *temps forts*, et les *temps faibles*.

Les temps *forts* sont ceux qui dans une mesure sont les plus ac_centués ; les temps *faibles*, quoique d'une valeur égale aux précédents sont ceux sur lesquels on appuie plus légèrement.

Voici la manière de battre les mesures à deux temps, à trois temps, à quatre temps et la place qu'occupent les temps forts et les temps faibles dans ces différentes sortes de mesures:

Remarquer que le premier temps se frappe toujours en bas et le dernier en haut

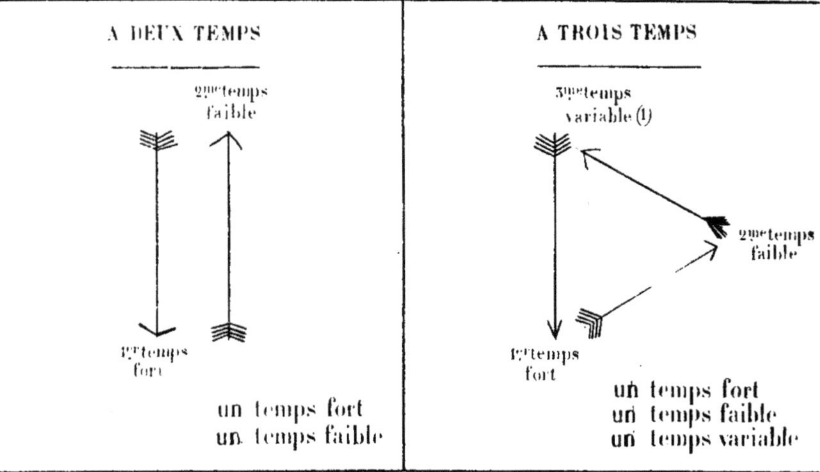

Nota: L'élève fera bien de s'exercer à battre la mesure dans tous les mouvements, il devra compter les temps à haute voix en appuyant sur les temps forts.

QUESTIONNAIRE: 1. Qu'appelle-t-on battre la mesure?

2. Combien y a t'il de sortes de temps?

3. Qu'est-ce que les temps forts et les temps faibles?

4. Où se placent les temps forts et les temps faibles dans les mesures à 2 temps, à 3 temps et à 4 temps?

---

(1) Faible dans un mouv! de Valse, fort dans un mouv! de Mazurka

XIIme LEÇON

DU DEGRÉ, DES TONS ET DES DEMI-TONS DANS LA GAMME MAJEURE.

La gamme en musique peut être comparée à une échelle dont cha_
_que échelon ou degré correspond à une note.

Chaque note dans la gamme possède, en raison du degré qu'elle occu_
_pe, une dénomination particulière; dénomination qui s'attache tant aux
notes elles-mêmes qu'aux intervalles compris entre ces notes.

Dans une gamme la 1re note se nomme *tonique*, ainsi dénommée, car
c'est elle qui constitue le *ton*.

La 2me se nomme   *seconde*.

La 3me ______ *tierce*.

La 4me ______ *quarte*.

La 5me ______ *quinte*.

La 6me ______ *sixte*.

La 7me ______ *septième*.

La 8me ______ *octave*.

Tonique	Seconde	Tierce	Quarte	Quinte	Sixte	Septième	Octave
1er degré	2me degré	3me degré	4me degré	5me degré	6me degré	7me degré	8me degré
DO	RÉ	MI	FA	SOL	LA	SI	DO

Dans une gamme, les intervalles contenus entre chaque note sont loin d'être tous égaux.

Il y a des intervalles *d'un ton* et des intervalles plus petits qu'on ap_ _pelle *demi-tons*.

La gamme majeure se compose de 5 *tons et* 2 *demi-tons*.

Voici quelle place occupent les tons et les demi-tons dans une gam_ _me diatonique majeure.

EXEMPLE:

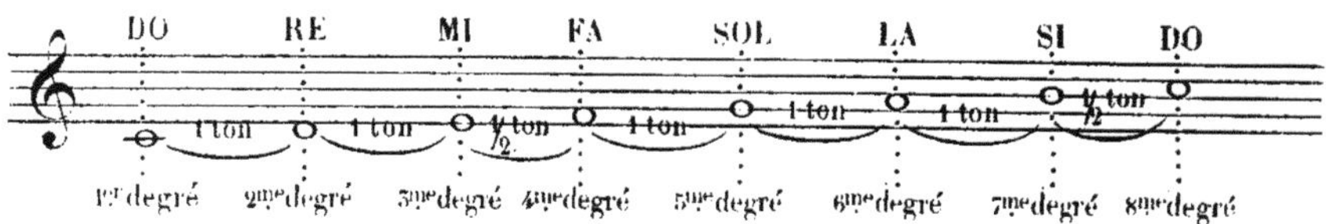

Les demi-tons sont donc placés :

Le premier, *du troisième au quatrième degré*,

Le deuxième, *du septième au huitième degré*.

Ce qui explique pourquoi dans notre échelle nous avons fait les troisième et huitième intervalles plus petits.

QUESTIONNAIRE : 1. En musique, à quoi la gamme peut-elle être compa_ _rée, et à quoi chacun des degrés de cette gamme corres_ _pond-il?

2. Chaque note dans la gamme ne possède-t-elle pas u_ _ne dénomination particulière?

3. Comment la première note se nomme-t-elle ?

4. Pourquoi est-elle nommée ainsi ?

5. Combien y a-t-il de tons et de demi-tons dans une gam_ _me majeure?

6. Où se placent les demi-tons dans la gamme majeure?

XIII.ME LEÇON

DES DEMI-TONS CHROMATIQUES ET DIATONIQUES,
ALTÉRATIONS ACCIDENTELLES DES NOTES,
OÙ SE PLACENT LES SIGNES D'ALTÉRATION.

Il y a deux sortes de demi-tons :

Les demi-tons *diatoniques* et les demi-tons *chromatiques*.

On appelle demi-tons *diatoniques* les intervalles formés par deux no_tes de nom différent comme les demi-tons de la gamme majeure *mi* et *fa*, *si* et *do*.

On appelle demi tons *chromatiques* les intervalles formés au contrai_re par deux mêmes notes dont l'une est altérée comme *do* et *do dièze*, *ré* et *ré bémol*.

Les signes d'altération en usage sont :

Le *dièze* ♯, le *bémol* ♭ et le *bécarre* ♮.

Le dièze ♯ *hausse* la note d'un *demi-ton*.

Le bémol ♭ *baisse* la note d'un *demi-ton*.

Le bécarre ♮ *remet* la note précédemment altérée dans son ton *natu_rel*.

On se sert aussi mais plus rarement du *double dièze* 𝄪, et du *dou_ble bémol* ♭♭ ;

Le premier *hausse* la note d'un *ton*,

Le second *baisse* la note d'un *ton*.

Dans une altération accidentelle, le signe précède toujours la note qu'il doit altérer.

EXEMPLE:

Un signe d'altération quel qu'il soit exerce toujours son influence non seulement sur la note qu'il précède, mais encore sur toutes les notes de même nom qui suivent dans la même mesure.

Un bécarre peut seul rendre à ces notes leur tonalité première.

EXEMPLE:

QUESTIONNAIRE: 1. Combien y a-t-il de sortes de demi-tons?

2. Qu'appelle-t-on demi-tons diatoniques?

3. Qu'appelle-t-on demi-tons chromatiques?

4. Quels sont les signes d'altération en usage?

5. Quels sont les effets du dièze, du bémol et du bécarre?

6. Quels sont les effets du double dièze et du double bémol?

XIVME LEÇON

DES GAMMES CHROMATIQUES ASCENDANTES ET DESCENDANTES.—DES NOTES ENHARMONIQUES.

Tous les tons dans une gamme peuvent être *divisés* et donner lieu à deux demi-tons.

On appelle gamme *chromatique* une gamme où l'on ne procède que par demi-tons.

Une gamme chromatique comme une gamme diatonique peut être ascendante ou *descendante*.

En ut, la gamme chromatique ascendante se chiffre avec des *dièzes*, en descendant au contraire, elle se chiffre généralement avec des *bémols*.

EXEMPLE:

On voit par cet exemple qu'un même son peut-être interprété par deux différentes notes.

On appelle notes *enharmoniques* les notes qui changent de place sur la portée sans cesser de représenter le même son et la même touche sur le piano comme do♯ et ré♭, sol♯ et la♭.

Sur les instruments où les sons ne sont pas fixes comme le violon par exemple, il existe une différence, bien que légère entre deux notes enharmoniques.

Cette différence est exactement d'un *comma*, soit la *neuvième partie d'un ton*. Le demi-ton diatonique qui est le plus petit vaut 4 commas ou les $\frac{4}{9}$ d'un ton. Le demi-ton chromatique qui est le plus grand vaut 5 commas ou les $\frac{5}{9}$ d'un ton.

EXEMPLE :

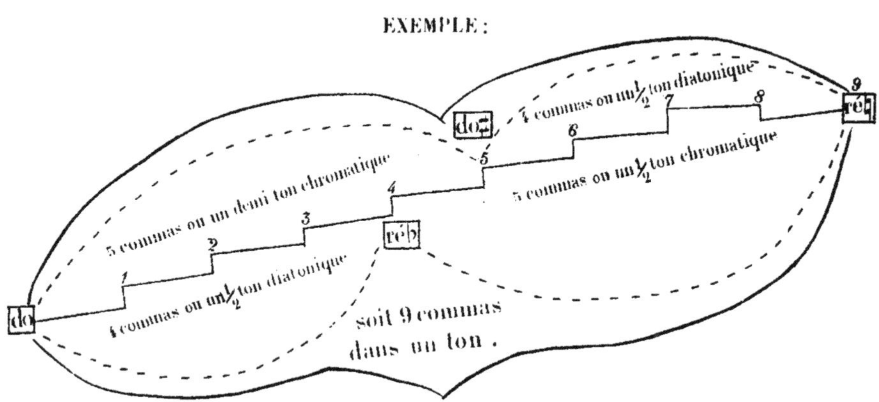

On appelle *enharmonie* le passage d'une note à sa correspondante enharmonique.

EXEMPLE :

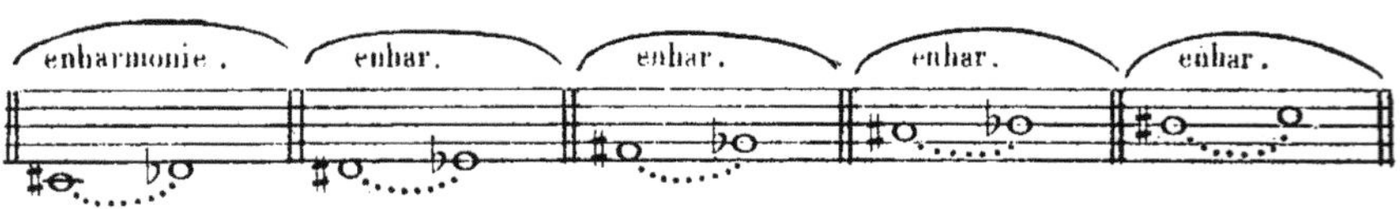

QUESTIONNAIRE: 1. Qu'appelle-t-on gamme chromatique ?

2. En ut la gamme chromatique se chiffre t-elle en mon_tant comme en descendant ?

3. Qu'appelle-t-on notes enharmoniques ?

4. Qu'appelle-t-on enharmonie ?

XVME LEÇON

DU DIÈZE ET DU BÉMOL CONSIDÉRÉS AUTREMENT QUE COMME ALTÉRATION ACCIDEN_ _TELLE .

Nous n'avons parlé jusqu'ici du dièze, du bémol et du bécarre qu'au point de vue d'une altération accidentelle, mais l'on va voir quel rôle plus prépondérant ces signes sont appelés à jouer dans la musique.

Si l'on fait le total des notes contenues dans une gamme chroma tique, on s'aperçoit que ces notes sont au nombre de *douze*. Chacu_ _ne de ces notes peut, au gré du compositeur, devenir le point de dé_ _part d'une nouvelle gamme diatonique, à la condition toute _ _fois, que les demi-tons ne s'écartent pas des intervalles prescrits et restent toujours placés dans la *gamme majeure:* du troisième au quatrième degré et du septième au huitième degré ainsi que nous l'avons exposé au chapitre XII .

Le ton d'ut majeur étant le seul qui ne comporte pas de notes altérées, on comprendra que si l'on veut monter une gamme diatoni_ _que sur tout autre degré de l'échelle, pour conserver aux demi-tons leur place respective, l'emploi d'un ou de plusieurs accidents deviendra nécessaire .

EXEMPLE :

GAMME EN SOL.

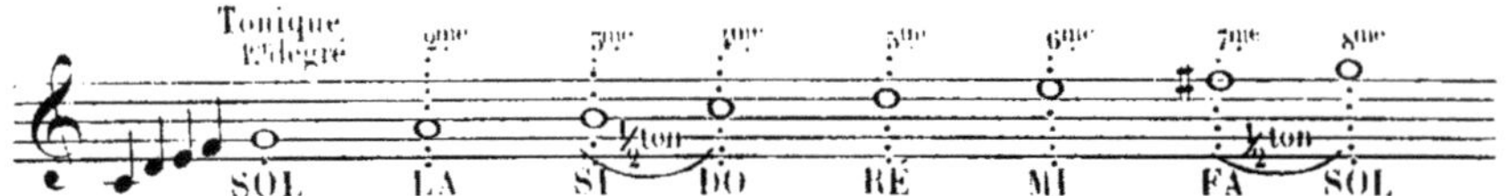

Si le *fa* n'était pas altéré dans l'exemple ci-dessus, le deuxième demi-ton au lieu d'être placé du septième au huitième degré comme il convient, se trouverait placé du sixième au septième degré, puis_que nous venons de voir que dans la gamme en ut majeur, l'interval_le existant entre mi et fa n'était que d'un demi-ton.

En plaçant un dièze devant le fa, tons et demi-tons ne s'écar_teront pas dans l'octave des intervalles qui leur sont prescrits.

AUTRE EXEMPLE :

GAMME EN RÉ.

Même remarque au sujet des notes altérées: fa ♯ et do ♯ que pour la gamme en sol.

Dans un changement de tonalité, pour remédier à la difficulté qu'engendrerait l'emploi d'un trop grand nombre de dièzes ou bémols, on a trouvé plus pratique de disposer, en raison du ton où l'on veut

jouer, un certain nombre de ces accidents à l'armure, c'est à dire à gau_
_che de la portée de suite après la clef.

EXEMPLE :

Les dièzes et les bémols doivent prendre à l'armure la place de la
note qu'ils sont chargés d'altérer, leur effet sur cette note s'exerce *pen_*
dant toute la durée du morceau.

Un bécarre pourra seul rendre à cette note son diapason naturel,
mais pour la durée d'une mesure seulement.

EXEMPLE :

QUESTIONNAIRE: 1. Combien rentre-t-il de notes dans une gamme chro_
_matique?

2. A quelle condition chacune de ces notes peut-elle de_
_venir le point de départ d'une nouvelle gamme?

3. Quel est le ton qui ne comporte ni dièzes ni bémols
à la clef, et pourquoi est-on obligé d'avoir recours
à ces accidents quand on veut monter une gamme sur
tout autre degré de l'échelle?

4. Quelle place dièzes et bémols doivent-ils prendre à
l'armure?

XVIᵐᵉ LEÇON

DU PLACEMENT DES DIÈZES ET DES BÉMOLS A LA CLEF.

Les tons peuvent-être accidentés de deux manières :

D'abord à l'aide des dièzes,

Puis à l'aide des bémols.

Chaque note dans la gamme étant susceptible d'être altérée, il y a donc autant de dièzes qu'il y a de notes différentes dans celle-ci c'est à dire *sept*. Les dièzes sont disposés selon une série qui ne doit *jamais varier* :

EXEMPLE :

Fa, do, sol, ré, la, mi, si.

On remarquera qu'un intervalle de quinte existe entre chacun de ces acci_ _dents, cela s'explique par la raison que les dièzes se placent de *cinq notes en cinq notes ou de quinte en quinte en montant* sur l'échelle musicale en comman_ çant par *fa* le premier dièze de la série.

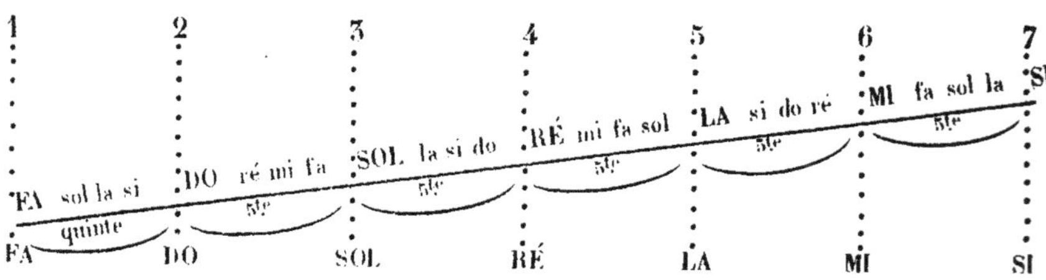

Les dièzes prennent place comme suit sur la portée.

EXEMPLE :

(1) Il est bien entendu qu'en plaçant les accidents à l'armure l'on n'emploiera pas le deuxième dièze sans le premier, le troisième sans les deux premiers, etc...

Les bémols sont aussi au nombre de *sept* et disposés selon une série également invariable.

si , mi , la , ré , sol , do , fa .

C'est la série des dièzes *renversée* .

Les bémols se placent de *quinte en quinte en descendant* à partir du pre_ _mier bémol de la série sur l'échelle musicale :

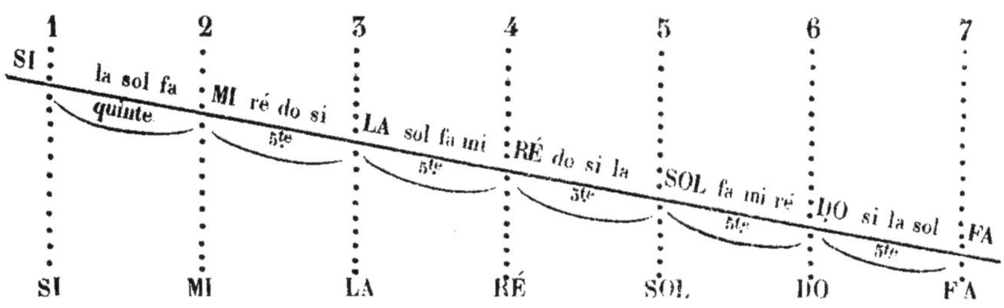

Les bémols se placent comme suit sur la portée .

EXEMPLE :

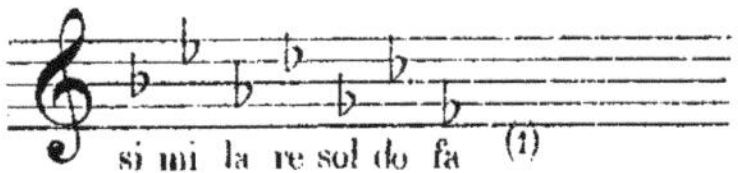

QUESTIONNAIRE: 1. Les tons peuvent t-ils être accidentés de plusieurs manières ?

    2. Dites à l'aide de quels accidents .

    3. Combien y a t-il de différentes sortes de dièzes ?

    4. Comment les dièzes se placent t-ils sur l'échelle musicale?

    5. Nommez la série des bémols ?

    6. Comment les bémols se placent t-ils sur l'échelle musi_ _cale ?

---

(1) Même observation que pour les dièzes .

XVIIME LEÇON

DES TONALITÉS AVEC DIÈZES .

Voici le nombre des accidents particuliers à chacune des tonalités avec dièzes. Les tons diézés, comme les signes d'altération qui les caractérisent, se succèdent *de quinte en quinte en montant* .

EXEMPLE :

(1) Ton enharmonique de ré ♭ ; ne s'emploie qu'en modulation .

Il existe un moyen très simple de reconnaître dans quel ton un morceau avec plusieurs dièzes est écrit; il suffit pour cela de *monter d'un degré au dessus du dernier dièze placé à la clef.*

La note obtenue par ce calcul sera *toujours la tonique.*

Ainsi dans l'exemple ci-dessous :

le quatrième et dernier dièze placé à la clef est *ré*(1) la note qui dans une gamme vient immédiatement après ré étant *mi*, on est en *mi majeur.*

AUTRE EXEMPLE :

Dans quelle tonalité se trouve t-on avec deux dièzes à la clef ?

Le second et dernier dièze placé à la clef étant *do*, si à partir de cette dernière note nous montons d'un degré, nous obtiendrons *ré* qui est la tonique demandée.

QUESTIONNAIRE : 1. Par quel moyen pratique peut-on reconnaître dans quel ton un morceau avec plusieurs dièzes est écrit ?

2. Dans quel ton êtes-vous avec un, deux, trois, quatre, cinq, six et sept dièzes à la clef ?

(1) Consulter XVIᵐᵉ Leçon la série des dièzes.

XVIII.ᵐᵉ LEÇON

DES TONALITÉS AVEC BÉMOLS

Voici le nombre des accidents particuliers à chacune des tonalités avec bémols; les tons bémolisés comme les signes d'altération qui les caracté_ _risent se placent de *quinte en quinte en descendant*.

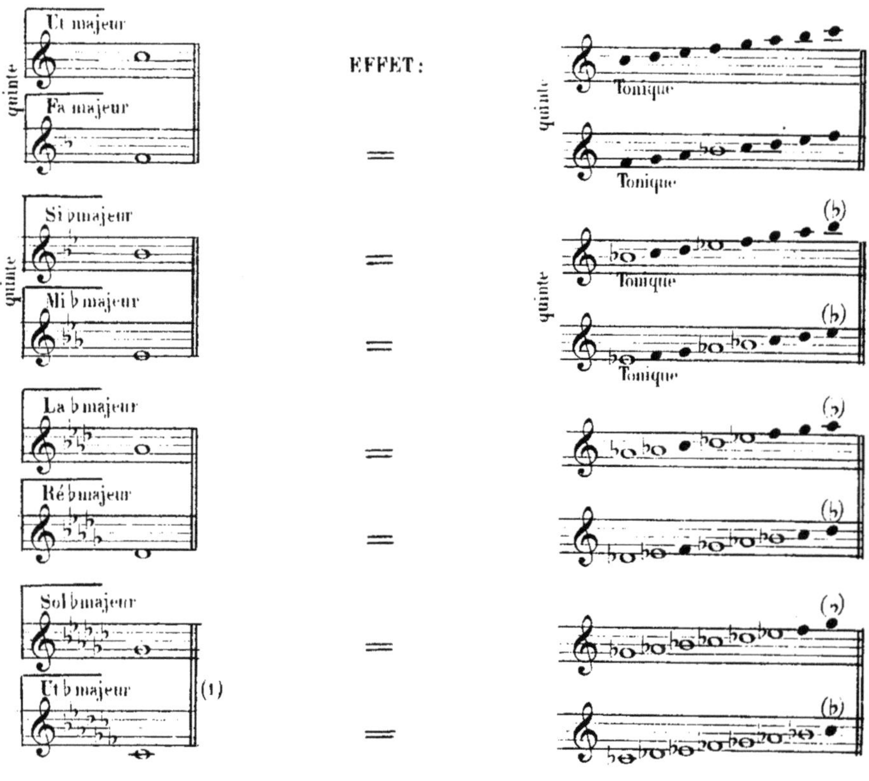

(1) Ton enharmonique de *Si naturel* ne s'emploie qu'en modulation

On peut par un calcul très simple reconnaître dans quel ton est écrit un morceau avec des bémols à la clef.

L'avant-dernier bémol en effet, donne invariablement la tonique re_cherchée.

Dans quel ton sommes-nous par exemple, avec quatre bémols à la clef?

Le troisième et avant-dernier bémol placé à la clef étant *la*[1] nous sommes donc en *la bémol*.

Ce calcul, on le voit, est des plus simples.

Maintenant si l'on demandait à l'élève dans quel ton il se trouve a_vec un seul bémol à la clef il répondrait qu'il est en *fa*. cette tonalité étant la seule où le bémol n'existe qu'à l'état d'unité.

QUESTIONNAIRE: 1. Ne peut-on pour les bémols comme pour les dièzes re_connaître à l'aide d'un calcul très simple dans quel ton est écrit un morceau avec plusieurs bémols a la clef?

2. Dans quel ton êtes-vous avec un, deux, trois, quatre, cinq, six et sept bémols à la clef?

(1) Consulter XVI.ᵐᵉ Leçon la série des bémols .

XIXME LEÇON

DU MODE MAJEUR ET DU MODE MINEUR

Les tons en musique sont de deux natures :

Le *ton ou mode majeur,*
Le *ton ou mode mineur.*

Une gamme mineure diffère d'une gamme majeure par la position dif_
_férente de ses demi-tons sur l'échelle diatonique.

On sait que dans une gamme majeure, les demi-tons sont placés :

Du *troisième au quatrième* et du *septième au huitième* degré(1)

La gamme mineure, de même que la gamme majeure, se compose de cinq tons et deux demi-tons avec la différence que les demi-tons ne se placent pas en montant comme en descendant.

Le premier demi-ton est invariablement placé *du deuxième au troisiè_ _me degré,* mais le deuxième demi-ton prend place :

En montant (du septième au huitième degré,
En descendant (du sixième au cinquième degré.

Voici la place qu'occupent ces mêmes demi-tons dans les deux gam _ _mes mineures en usage :

GAMME MINEURE AVEC DEUX DEMI-TONS .

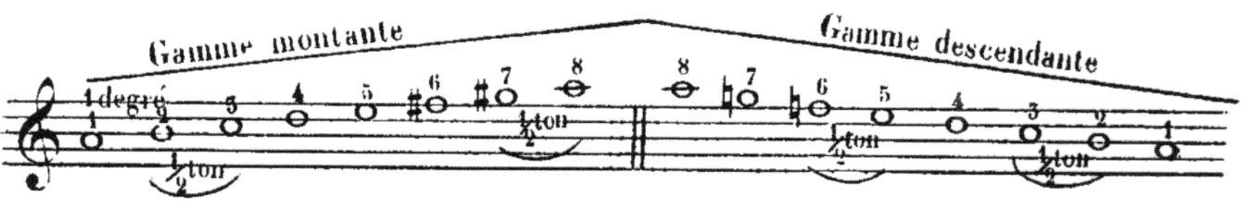

<hr>

(1) Voyez la XIIme Leçon

GAMME MINEURE AVEC TROIS DEMI-TONS

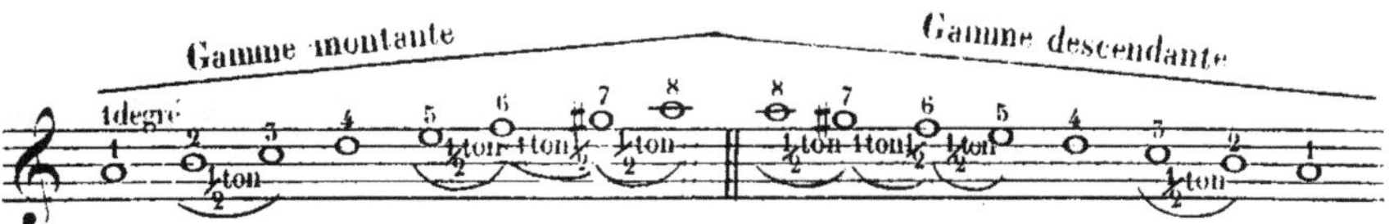

Cette gamme mineure se compose de trois tons, un ton½ et deux ½ tons. *placés en montant comme en descendant*

Le premier½ton prend place *entre le deuxième et le troisième dégré.*

Le deuxième½ton prend place *entre le cinquième et le sixième degré.*

Le troisième½ton prend place *entre le septième et le huitième dégré.*

QUESTIONNAIRE : 1. En musique, combien y a-t-il de tons ou modes ?

2. En quoi une gamme majeure **diffère-t-elle** d'une gamme mineure ?

3. De combien de tons et demi-tons la gamme mineure se compose-t-elle ?

4. Où sont placés les demi-tons dans les deux sortes de gammes mineures en usage ?

XXME LEÇON

DU TON MAJEUR ET DE SON RELATIF MINEUR

Il arrive souvent qu'en musique on veuille passer du mode majeur à son relatif mineur. Chaque ton majeur possède un ton mineur qui lui est re_latif; ce ton relatif mineur est toujours placé *une tierce ou deux degrés plus bas* que la tonique du ton majeur auquel il appartient.

Un ton *majeur* comporte le *même nombre* de dièzes ou de bémols à la clef que le ton mineur qui lui est relatif.

TABLEAU DES TONS MAJEURS ET DE LEUR RELATIF MINEUR

QUESTIONNAIRE: 1. Chaque ton majeur ne possède-t-il pas un ton majeur qui lui est relatif?

2. Où est placé ce ton relatif?

3. Un ton majeur comporte-t-il plus ou moins d'accidents à la clef que le ton mineur qui lui est relatif?

XXIme LEÇON

COMMENT L'ON DISTINGUE UN TON MINEUR DE SON RELATIF MAJEUR.—COMMENT L'ON PASSE, SANS CHANGER DE TONIQUE, DE MAJEUR EN MINEUR

Un ton mineur se distingue de son relatif majeur :

1.º Par l'altération (accidentelle) de sa *septième* ou *sensible* [1]

2.º Par la position différente de son premier ½ ton dans l'octave.

3.º Et enfin par sa tonique qui doit toujours se trouver une tierce mi_neure plus bas que la tonique du ton majeur relatif.

EXEMPLE :

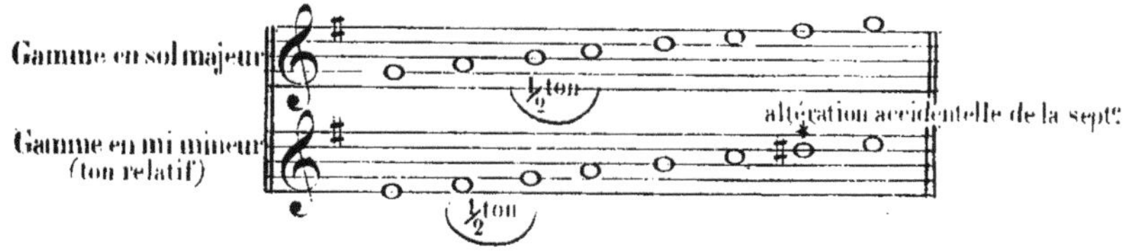

Pour passer, sans changer de tonique, de majeur en mineur il faut :

Dans les tons *avec dièzes,*

Retrancher les trois derniers dièzes placés à la clef.

Quand le total de ces dièzes est inférieur à *trois* on place autant de bémols à la clef qu'il y a de dièzes en moins en commençant bien enten_du par les premiers bémols de la série : *si, mi, la,* etc...

---

[1] Cette septième ou sensible n'est autre que la quinte ou dominante altérée du ton relatif majeur.

Ne pouvant dans l'exemple ci-dessus retrancher trois dièzes puisque le ton de sol majeur n'en comporte qu'un seul, on n'a pour arriver à com_pléter le chiffre trois, qu'à ajouter à la suite du bécarre deux bémols *si* et *mi*, et l'on passe en *sol mineur*.

S'il y avait deux dièzes à la clef, on n'aurait qu'à ajouter un bémol et l'on se trouverait transporté de ré majeur en ré mineur.

En ut où il n'y a pas d'accidents à la clef, on dispose tout simple_ment trois bémols sur la portée.

EXEMPLE:

Dans les tonalités avec bémols, il suffit d'ajouter trois bémols à la suite de ceux qui sont déjà placés à la clef.[1]

EXEMPLE:

QUESTIONNAIRE: 1. Comment se distingue un ton mineur de son relatif ma_jeur?

Comment passe-t-on de majeur en mineur sans chan_ger la tonique? { 1. avec des dièzes à la clef? { 2. avec des bémols a la clef?

[1] Exception est faite à cette règle pour les tons de ré ♭ et sol ♭ qui par enharmonie deviennent do♯ et fa♯ mineur.

XXII.ME LEÇON

DU TRIOLET ET DU SIXTOLET.

Le *triolet* est un groupe de trois notes qui n'ont ensemble que la valeur de deux autres notes de même espèce.

Les notes en triolet doivent toujours être jouées également et dans le même espace de temps que les valeurs qu'elles représentent.

EXEMPLE :

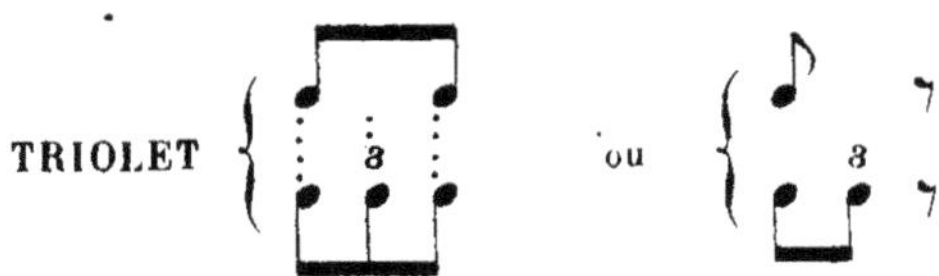

Le triolet comme on le voit par cet exemple se désigne par le chif_fre 3 que l'on place au-dessus et au milieu du groupe des trois notes.

Une mesure à $\frac{2}{4}$ dont chaque groupe de deux notes serait transformé en triolet deviendrait par ce fait et au point de vue du rythme sem_blable à une mesure à $\frac{6}{8}$ battue à deux temps.

EXEMPLE :

Effet :

Le *sixtolet* n'est pas au dire de plusieurs musiciens un groupe de six notes pour quatre, mais bien un groupe de six notes qui ne peuvent se diviser que deux par deux.

Le sixtolet produit l'effet d'un triolet dont chaque note serait dou_blée; triolet et sixtolet ont donc la même valeur.

On rencontre quelquefois en musique un trait surmonté d'un chiffre comme dans l'exemple ci-dessous :

Ce groupe de notes liées doit être exécuté pendant la durée d'un temps, quant au chiffre 7, il indique le nombre des notes contenues dans le trait et permet à l'exécutant de se rendre compte au premier coup d'œil de la valeur fractionnaire qu'il doit donner à chaque note de ce groupe.

QUESTIONNAIRE : 1 Qu'est-ce qu'un triolet ?

2 Comment les notes en triolet doivent-elles être jou_ées ?

3 Qu'est-ce qu'un sixtolet ?

XXIII.ᵐᵉ LEÇON

DES DIFFÉRENTES MANIÈRES D'ABRÉGER LA DURÉE D'UNE NOTE .

Lorsque l'on interprète un morceau de musique, il faut s'identifier a_vec l'idée du compositeur, en un mot, il faut donner à l'œuvre l'expression qui lui est propre .

La musique tout aussi bien qu'une dictée grammaticale doit être ponctuée . Les notes qui composent une mélodie peuvent, au gré du com_positeur ne comporter, *aucune accentuation particulière* .

EXEMPLE :

Elles peuvent aussi être *détachées ou liées* .

Occupons nous d'abord des notes *détachées* .

Si le point sert à prolonger une note il peut aussi à en *diminu__er la valeur* .

Il y a trois manières d'abréger à l'aide du point la durée d'une note .

D'abord à l'aide du point *long* .

Le point long enlève à la note sur laquelle il est placé les trois quarts de sa valeur, on remplace le manque de durée de cette note par des silences *sous-entendus*

EXEMPLE : 

Le point rond enlève à la note la moitié de sa valeur.

EXEMPLE : 

Enfin le *point long sous un coulé* peut suivant le cas, enlever aux notes le quart ou le huitième de leur valeur .(1)

EXEMPLE :

NOTES RÉELLES.

Sous un point long,

Sous un point rond,

Sous un coulé ,

Il y a une différence très sensible dans la manière d'exécuter les quatre groupes de notes ci-dessus. On peut obtenir à l'aide du point long et du point rond de très curieux effets dans certains passages; hâtons nous d'ajouter que c'est de préférence dans la musique instrumentale que l'usage des points ci-dessus est consacré.

QUESTIONNAIRE : 1. En musique le point n'a t-il pas d'autre fonction que celle de prolonger une note ?

2. Combien y a t-il de manières d'abréger la durée d'une note?

Quel est l'effet du point long?

Quel est l'effet du point rond?

Quel est l'effet du point long sous un coulé ?

Pour les instruments à archet, le passage ⌣♪♪♪ indique qu'il faut faire ces trois notes du mê_ _me coup d'archet et non pas qu'il faut laisser un vide entre elles.

XXIVME LEÇON

DE LA LIAISON, DES SYNCOPES ET DU POINT D'ORGUE.

Une *liaison* est un trait légèrement recourbé que l'on place sur un grou_ _pe de notes quand on veut les lier entre elles.

Le passage ci-dessous devra être chanté *d'une seule haleine* ou exécuté *d'un seul coup d'archet*.

La première note seule est *attaquée*.

EXEMPLE :

Lorsqu'une liason est placée sur deux notes *semblables :*

on ne repète pas la dernière.

On appelle *syncope* la prolongation sur un *temps fort* d'un son émis sur un *temps faible*. Deux notes sont nécessaires à la formation d'une syncope, mais encore faut-il ;

Que ces notes soient semblables-et placées :

La première sur un temps faible

La seconde sur un temps fort.

Elles prennent alors le nom de *notes syncopées*.

EXEMPLE :

Bien accentuer la première des deux notes afin de mieux faire sentir le rythme. On appelle syncope *brisée*, une syncope ou les deux notes liées n'ont pas la *même valeur*.

EXEMPLE :

Un *point d'orgue* ⌒ est un signe que le compositeur place sur certaines no_ _tes afin de marquer un temps de repos dont la durée est *au gré de l'exécutant*.

Ce même signe placé sur un silence prend le nom de *point d'arrêt*.

EXEMPLE :

On appelle aussi point d'orgue une série de traits en petites notes généralement disposés à la fin d'un morceau de chant ou de musique ins_ _trumentale, ces traits sont destinés à faire ressortir le talent de l'interprè_ _te qui les exécute a sa volonté.

EXEMPLE :

Le groupe de petites notes ci-dessus étant à la volonté de l'exécutant le chef d'orchestre pendant toute la durée de ce passage s'abstiendra de battre la mesure; il ne recommencera à la battre qu'au mot: *mesuré*.

QUESTIONNAIRE: 1 Qu'est-ce qu'une liaison?

2 Quel est l'effet d'une liaison placée sur deux notes semblables?

3 Qu'appelle-t-on syncope?

Qu'appelle-t-on syncope brisée ?

Qu'est ce qu'un point d'orgue?

XXV.ᵐᵉ LEÇON

DES NOTES D'AGRÉMENT OU APPOGIATURES.

Les notes *d'agrément* ou *appogiatures* sont de petites notes que le compo_siteur emploie pour varier et orner sa mélodie.

On compte deux sortes d'appogiatures: les *brèves* et les *longues*.

L'appogiature brève qui est coupée d'une petite barre transversale ♪ ne prend qu'une très faible partie de la note qu'elle précède.

EXEMPLE:

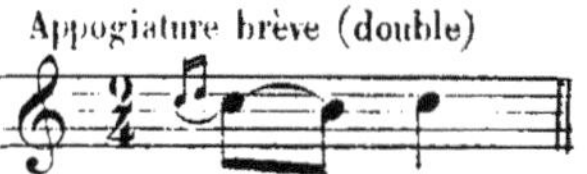

L'appogiature longue qui se fait généralement avec un seul crochet à la peti_te note ♪ peut prendre jusqu'à la moitié de la valeur de la note qui suit.

EXEMPLE:

effet :

Le signe ⇀ indique qu'il faut accentuer la note sur laquelle il est placé.

QUESTIONNAIRE. 1. Qu'appelle-t-on notes d'agrément ou appogiatures?

2 Combien y a-t-il de sortes d'appogiatures?

3 Quel est l'effet de l'appogiature brève?

4 Quel est l'effet de l'appogiature longue?

XXVI.ᴹᴱ LEÇON

DU MORDANT ET DU GRUPETTO

Tout ce que nous venons de dire concernant les appogiatures peut se rap_ _ter aux notes d'agrément *mordant, grupetto.*

Le *mordant* qu'on pourrait appeler double appogiature est composé de deux petites notes d'agrément écrites à un intervalle-d'un degré l'une de l'autre.

Le mordant s'indique au moyen d'un signe ᴧᴧ qui se place sur la note réelle.

EXEMPLE:

effet

Le *grupetto* (prononcez groupetto) est un composé de quatre notes que l'on peut disposer de deux différentes façons , suivant l'effet que l'on veut obtenir.

Le grupetto est représenté par les signes ∞ ou ⌀ que l'on place tantôt sur une note tantôt entre deux notes , dans ce cas il doit s'exécuter plutôt vers la seconde que vers la première note.

DIFFÉRENTES MANIÈRES DE FAIRE LE GRUPETTO

On remarquera que le signe ∽ se rapporte au groupe de quatre notes dont la première est *la plus élevée*.

Tandis que, au contraire, le signe ∿ se rapporte au groupe commençant par la note *la plus basse*.

Il arrive quelquefois que l'on veuille altérer la note supérieure du gru_ _petto. On place dans ce cas le signe d'altération dièze ou bémol au des_ _sus du grupetto . EXEMPLE :

Pour obtenir l'altération de la note inférieure on placerait au contrai_ _re l'accident au dessous :

EXEMPLE :

Notes d'agrément, mordant et grupetto se font généralement liés.

QUESTIONNAIRE : 1. Qu'est-ce que le mordant, de quoi est-il composé ?

2. Qu'est-ce que le grupetto, par quel signe est-il représenté ?

3. Comment procède-t-on, lorsqu'on veut altérer la note supé_ _rieure du grupetto ?

4. Comment procède-t-on lorsqu'on veut au contraire obtenir l'altération de la note inférieure ?

XXVII.ᵐᵉ LEÇON

DU TRILLE ET DES ABRÉVIATIONS

Le *trille* se distingue des notes d'agrément par le signe *tr*, lorsque la no_
_te à triller s'étend à plusieurs mesures on se sert ordinairement du signe
tr~~~~~ ou simplement ~~~~~

A moins qu'il ne soit précédé d'une appogiature le trille doit commen_
cer sur la note réelle alternant par un battement aussi précipité que possi
_ble avec la seconde mineure ou la seconde majeure supérieure.

EXEMPLE :

Lorsqu'un trille est de quelque durée ou surmonté d'un point d'orgue *tr*
on l'exécute avec préparation de la manière suivante :

C'est à dire en augmentant de force et de vitesse jusqu'au milieu de la
mesure. A partir du 3.ᵐᵉ temps, on diminue dans les mêmes proportions.

Pour éviter la répétition de certains groupes de notes on se sert surtout en musique instrumentale des abréviations suivantes .

Mesure N.º 1, les deux barres placées à la fin de la portée indiquent qu'il faut répéter les deux groupes de quatre notes qui précèdent .

Mesure N.º 2 et suivantes, les barres triples, doubles ou simples placées au‑_dessus ou traversant la queue des notes indiquent qu'il faut exécuter un nom‑_bre de triples croches, de doubles-croches ou de croches, égal à la valeur d'une ronde, d'une blanche, d'une noire, etc.

QUESTIONNAIRE. 1. Par quel signe le trille se dinstingue-t-il des autres notes d'agré‑_ment ?

    2. Sur quelle note le trille s'il n'est pas précédé d'une appogiatu‑_re doit-il commencer ?

    3. Qu'entend-on par exécuter un trille avec préparation ?

XXVIII.ᵐᵉ LEÇON

DE LA REPRISE ._ DU RENVOI
DU DA CAPO

On appelle *reprise*, les deux points placés :

avant et après une double barre de mesure ; points qui indiquent que le passage compris entre ces deux doubles barres doit être répété bien qu'il ne soit noté qu'une fois .

Arrivé aux seconds deux points, on devra reprendre à l'endroit où sont placés les premiers .

Lorsqu'une reprise doit se faire au début d'un morceau, on supprime généralement les deux premiers points de cette reprise .

Le *Renvoi* 𝄋 correspond toujours à un signe semblable que le composi_ _teur, pour s'éviter une répétition, place à son gré dans le courant d'un morceau .

Arrivé au deuxième renvoi, on doit reprendre à l'endroit où est placé le premier.

On rencontre souvent à la fin d'une œuvre musicale les lettres D.C. ou *Da capo*. Ce signe indique qu'il ne faut pas s'arrêter là, mais reprendre le morceau tout à fait au commencement et continuer jusqu'au mot : Fin ou au mot : CODA.

QUESTIONNAIRE : 1 Qu'appelle-t-on reprise ?

              2 A quoi correspond le renvoi ?

              3 Que veulent dire les lettres D.C. que l'on rencontre à la fin d'une œuvre musicale ?

XXIX.ME LEÇON

INDICATION DES SIGNES, NUANCES MOUVEMENTS.

Dans ces deux derniers chapitres de notre traité, nous allons don_ _ner la signification des divers signes, termes nuances, mouvements employés.

Le *soufflet*: ⸺ indique que toutes les notes sur lesquelles il est placé doivent être exécutées en *crescendo* c'est-à-dire en aug_ _mentant le son (sans augmenter la vitesse) d'une manière *progres_ _sive*.

Dans le *double soufflet*: ⸺ ⸺ on doit, parvenu au milieu des signes, diminuer le son dans les mêmes proportions qu'on l'aura précédemment augmenté, arrivant vers la fin à lui ren_ _dre son degré de force première.

EXEMPLE:

p ⸺ *crescendo* f ff *decrescendo* f ⸺ p

Le signe 8 ou 8.va_________________________ élève la ou les notes sur lesquelles il est placé d'une Octave.

Le mot italien *loco* peut seul rendre à ces notes leur position.

première sur leur portée.

EXEMPLE:

Ce signe s'emploie à deux fins :

D'abord pour faciliter la lecture de certains passages lorsqu'ils arrivent à atteindre une position très élevée.

Ensuite pour éviter que les notes de deux portées superposées ne se confondent entre elles.

QUESTIONNAIRE 1. Qu'indique le soufflet ?

2. Comment doit-on exécuter le double soufflet ?

3. Quel est l'effet du signe 8 ou Octava ?

4. A quelles fins ce signe s'emploie t'il ?

XXXME LEÇON

SIGNES ET TERMES LES PLUS USITÉS

SIGNES	ABRÉVIATIONS	SIGNIFICATIONS
Forte	*f*	Fort
Double forte	*ff*	Très fort
Fortissimo	*fff*	Le plus fort possible
Piano	*p*	Doux-faible
Très piano	*pp*	Très faible
Pianissimo	*ppp*	Le plus faible possible
Forte piano	*fp*	Fort et faible subitement
Rinforzando	*rf*	En renforçant
Sforzando	*sf*	Renforcé
Crescendo	*cres*	En augmentant de force
Rallentando	*rall*	En rallentissant
Decrescendo	*decres*	En diminuant
Diminuendo	*dim*	En diminuant
Morendo	*moren*	En mourant
Ritardando	*ritard*	En retardant
Ritenuto	*rit*	Retenu
Perdendosi		En perdant le son

Sostenuto	*sost.*	*Soutenu*
Tenuto	*ten.*	*Tenu*
Accelerando	*accel.*	*En pressant*
Animato		*Animé*
Strigando	*strig.*	*En pressant, avec force*
Slargando	*slarg.*	*En élargissant*
Allargando	*allarg.*	*d.°*
Agitato		*Agité*
Poco agitato		*Un peu agité*
Poco a poco		*peu à peu*
Pesante		*Lourd*
Lunga		*Long*
Simili		*comme précédemment*
Molto		*Beaucoup*
ad libitum	*ad-lib.*	*A volonté*
A piacere		*A plaisir*
Quasi		*Presque*
Ped.		*Pédale*
Basso ben marcato		*Basse bien marquée*
Canto ben marcato		*Chant bien marqué*
Colla voce		*Suivez la voix*
Filo di voce		*Un filet de voix*
Vibrato		*En faisant vibrer*
Piano	*P dol.*	
Dolce		*avec douceur*

Semplice		*avec simplicité*
Senza rigore		*Sans rigueur*
Lusigando	*lusig.*	*Avec enjouement*
Scherzando	*scherz.*	*En badinant*
Staccato[1]	*stacc.*	*Détaché*
Primo tempo	*1º Tempo=1º Tº*	*Premier mouvement*
Tempo di marcia		*Mt de Marche*
A Tempo	*a Tempo*	*Dans le mouvement*
Tempo di minuetto		*Mouvt de menuet*
Vivace		*Avec vivacité*
Vivo		*dº*
Sempre		*Toujours*
Volti subito		*Tournez subitement.*
Assai		*Plus vite*
Comodo		*Commodément*
Caldando		*Avec chaleur*
Espressivo		*Expressif*
Giocoso		*Joyeusement*
Legato		*Lié*
Leggiero		*Léger*
Legatissimo		*Très lié*
Portamento		*En portant le son*
Martellato		*Martelé*
Tempo giusto		*Mt bien marqué*

---

(1) Pizzicato pour les instruments à archet-

Ben marcato	. . . .	*Bien marqué*
Affettuoso	. . . .	*Affectueux*
Tristamente	. . . .	*Tristement*
Appassionato	. . . .	*Avec passion*
Amoroso	. . . .	*Amoureusement*
Doloroso, con dolore	. . . .	*Avec douleur*
Glissando	. . . .	*En glissant*
Con espressione	. . . .	*Avec expression*
= Forza	. . . .	= *force*
= Calore	. . . .	= *chaleur*
= Fuoco	. . . .	= *feu*
= Moto	. . . .	= *mouvement*
= Anima	. . . .	= *âme*
= Spirito	. . . .	= *esprit*
= Delicatezza	. . . .	= *délicatesse*
= Allegrezza	. . . .	= *allegresse*
= Gusto	. . . .	= *goût*
= Bravoura	. . . .	= *bravoure*
= Brio	. . . .	= *éclat*
= Morbidezza	. . . .	= *langueur*
= Rigore	. . . .	= *exactement*
= Grazia	. . . .	= *grâce*
Gravé	. . . .	*Le plus lent de tous les Mouvts*
Largo	. . . .	*Large et lent*
Larghetto	. . . .	*Un peu moins large*

Lento	. . . .	*Lent*
Adagio	. . . .	*d?*
Maëstoso	. . . .	*Majestueux*
Andante	. . . . . . *And^{te}*	*Moins lent que l'Adagio*
Andantino	. . . . . . *And^{no}*	*Moins lent que l'Andante*
Moderato	. . . . . . *Mod^{to}*	*Modérément*
Allegretto	. . . . . *All^{tto}*	*Pas trop vite, gai*
Allegro	. . . . *All?*	*Plus rapide entraînant*
Presto vivace	. . . .	*Très vif*
Prestissimo	. . . .	*Le plus vite possible*

On rencontre quelquefois mais principalement dans la musique ins_
_trumentale des indications analogues à celle ci :

Les lettres, note et chiffres placés en tête ou au-dessus de la por_
_tée indiquent que le compositeur n'ayant, par aucun terme assez précis,
pu désigner le véritable mouvement du morceau s'est servi à cet effet
du *métronome*.

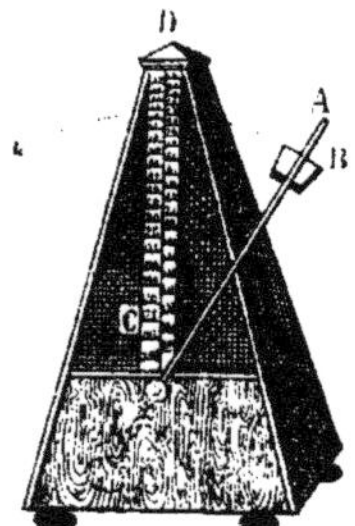

Le métronome a la forme d'une petite pyramide en
bois reposant sur trois pieds.

Sur l'une des faces de cette pyramide se meut de
droite à gauche et vice versa, grâce à un mécanisme
intérieur, une étroite tige d'acier A sur laquelle sont

gravées une infinité de petites lignes parallèles permettant à un mi_ _nuscule système en plomb B glissant sur cette tige de s'arrêter sur chacune d'elles. Derrière cette tige lorsqu'elle est au point de repos D est disposée une échelle C assez semblable à celle d'un thermomètre. Cette échelle est rayée comme le balancier, chaque petite raie possède en outre en regard un chiffre et une annotation de mouvement qui lui sont propres.

Veut-on par exemple obtenir le mouvement de $\flat = 56$? on place la tige d'acier A bien en regard de l'échelle, on abaisse au chiffre 56 le petit système en plomb B puis on abandonne le balancier à lui-même ; ce der_ _nier, sous l'impulsion de son mécanisme exécutera sur son axe un mouve_ _ment de va-et-vient de droite à gauche, faisant entendre à chaque changement de direction un bruit sec assez semblable à celui d'une grosse horloge.

C'est ce bruit qui indique le mouvement, lequel sera d'autant plus précipité que le système en plomb se rapprochera du bas de la tige.

Chaque petit coup a la valeur de la note placée en tête de l'indication.

Dans un $\frac{3}{4}$ par exemple chacun d'eux aura la valeur d'une noire, il en rentrera donc trois dans chaque mesure.

Si, au lieu d'une noire, on avait adopté la blanche pointée : M.M. $\flat \cdot = 56$, il ne rentrerait qu'un seul petit coup sec dans la mesure.

SUPPLÉMENT

AUX PRINCIPES ÉLÉMENTAIRES

DES INTERVALLES ET DE LEURS RENVERSEMENTS

En écrivant ce modeste ouvrage, notre but était d'être clair et pratique, aussi nous sommes-nous gardés d'y aborder des questions trop compliquées et de nature à rebuter l'élève ; nous nous sommes efforcés au contraire d'en exclure toute difficulté, de n'y traiter que des questions relatives au solfège, présentant les données sous leur forme la plus compréhensible, n'épargnant pas les exemples ; c'est par là surtout qu'on frappe l'imagination de l'enfant qui ne peut rien re_tenir de ce qu'il n'a pas compris.

Notre but était surtout d'aider l'élève à se passer le plus pos_sible du professeur, afin qu'au sein des villes comme au fond des campagnes où l'instruction musicale, pour bien des motifs, est restée malheureusement des plus primitives, chacun puisse, quels que soient ses moyens, arriver à son tour à pouvoir apprécier ce bel art que l'on appelle la *musique*.

Notre intention n'a jamais été de faire de ce petit manuel un traité d'harmonie; cependant, au point où nous en sommes, nous ne croirions pas avoir mené à bonne fin notre tâche si nous n'abordions pour terminer quelques questions d'un ordre des plus importants.

Je veux parler des intervalles et de leurs renversements.

L'attaque simultanée des sons de plusieurs voix ou de plusieurs instruments produit ce qu'on appelle *un accord*.

Les accords sont de deux natures :

1° Les accords *consonnants* ;

2° Les accords *dissonnants* :

Les accords consonnants ne sont jamais composés que de trois notes différentes

EXEMPLE :

Le nombre des différentes notes dont se compose un accord dissonnant est variable.

EXEMPLE :

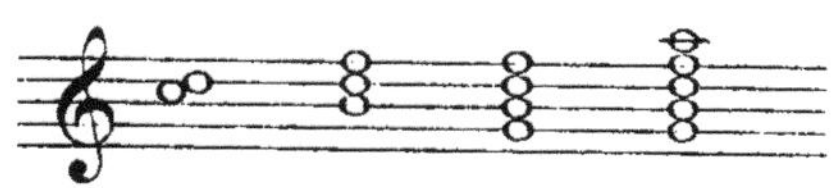

La première note d'un accord est toujours *la plus basse*.

Si l'on transportait cette note de basse à la partie supérieure de l'accord on obtiendrait *un renversement*.

Il y a autant de renversements dans un accord qu'il y a de notes différentes moins une.

L'accord parfait par exemple qui n'est composé que de trois notes différentes, ne comporte que *deux* renversements

EXEMPLE :

Un accord dissonnant peut en comporter jusqu'à quatre.

Nous ne nous occuperons ici que du renversement des intervalles ou accords composés seulement de deux sons.

Nous avons vu XIIe Leçon quels étaient les intervalles que peut contenir une gamme complète ou Octave, mais il en est d'autres dont nous n'avons pas encore parlé, ce sont les intervalles *composés*.

Les intervalles composes sont ceux qui dépassent l'octave comme la *neuvième*, la *dixième*, la *onzième*, etc ...

EXEMPLE :

Intervalles simples et composés sont susceptibles d'être altérés ; mais, seuls, les intervalles simples peuvent être renversés.

Voici un tableau de tous les intervalles simples avec leurs altéra_
_tions et leurs renversements .

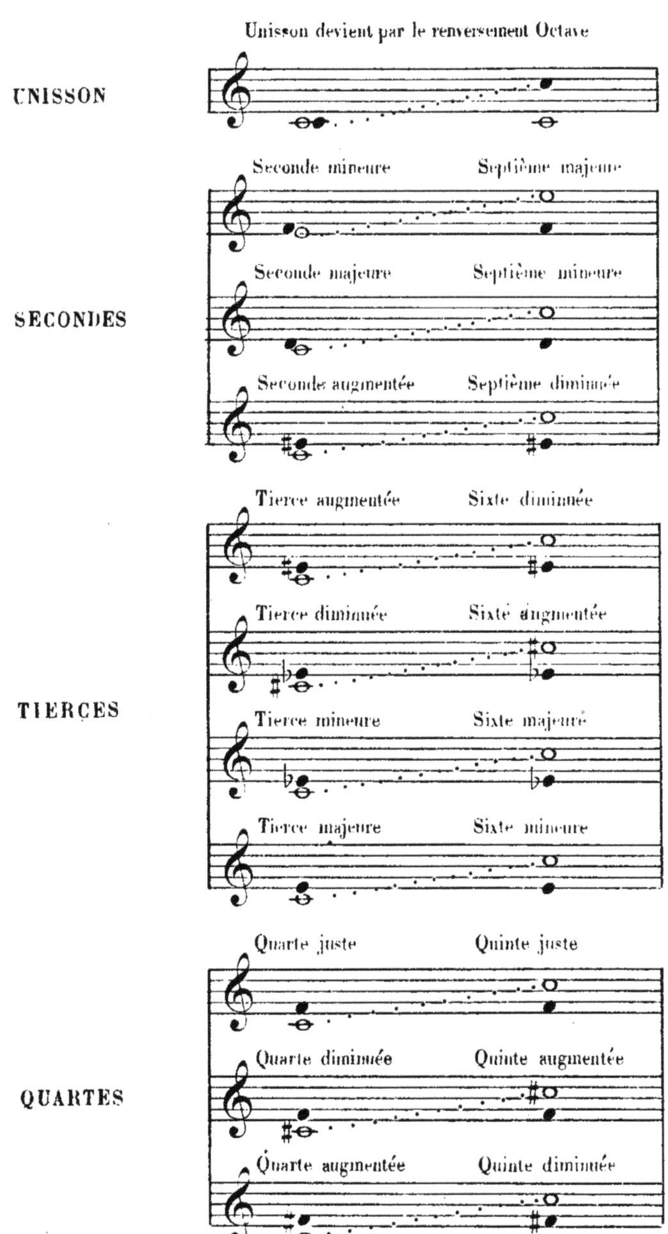

UNISSON

SECONDES

TIERCES

QUARTES

QUINTES

SIXTES

SEPTIÈMES

OCTAVE

On a pu remarquer que tous les intervalles *majeurs* produisaient par leur renversement des intervalles *mineurs*, les intervalles *augmen_ _tés* des intervalles *diminués*. Exception est faite à cette règle pour la quinte et la quarte qui sont toujours justes dans leurs renverse_ _ments lorsqu'ils le sont à l'état fondamental.

Voici pour un musicien encore inexpérimenté le moyen très-pratique de trouver sur le champ et sans difficulté le renversement d'un inter_ _valle quel qu'il soit sans être obligé d'avoir recours au tableau ci_ _dessus.

On arrive à ce résultat par un calcul mental des plus simples. On n'a en effet qu'à retrancher du chiffre 9 le chiffre correspondant à l'intervalle dont on veut obtenir le renversement, si le reste était 2 par exemple, étant donné que :

le chiffre 2 correspond à la *seconde* 2^{de}

— 3 —   — *tierce* 3^{ce}

— 4 —   — *quarte* 4te

— 5 —   — *quinte* 5te

— 6 —   — *sixte* 6te

— 7 —   — *septième* 7^{e}

— 8 —   — à l'*octave* 8^{ve}

on obtiendrait un intervalle de seconde lequel deviendrait *majeur, mi_ _neur* ou *augmenté* selon que l'accord fondamental était *mineur, majeur* ou *diminué*, c'est-à-dire *l'inverse*.

Par exemple quel est le renversement d'une sixte majeure?

En retranchant 6 de 9 on obtient 3 c'est à dire une tierce qui sera *mineure* par opposition à l'intervalle primitif qui était *majeur*.

Si au chiffre d'un intervalle on ajoute le chiffre de son renverse_ _ment, on obtient invariablemet 9 comme produit

8ᵉ	7ᵉ	6ᵗᵉ	5ᵗᵉ	4ᵗᵉ	3ᶜᵉ	2ᵈᵉ	1 (unisson)
EX: 1 (unisson)	2ᵈᵉ	3ᶜᵉ	4ᵗᵉ	5ᵗᵉ	6ᵗᵉ	7ᵉ	8ᵉ
9	9	9	9	9	9	9	9

DES DIFFÉRENTES CLEFS ET DE LEUR RÔLE DANS LA TRANSPOSITION

De quelque caractère que puisse être une voix ou un instrument, pourvu que leur étendue ne dépasse pas les limites extrêmes qu'ils peuvent raisonnablement atteindre, on peut, au moyen de différentes clefs : *clef de fa*, *clef d'ut*, *clef de sol*, leur trouver une position ni trop haute ni trop basse, mais convenable sur la portée .

Les clefs servent à constituer la différence qui existe entre les voix de basse, contralto, soprano et ténor . Dans la musique instru_ _mentale on en fait usage pour noter les parties de basse, violon_ _celle, alto, flûte, etc...

Position que peut prendre une même note sur la portée par l'effet des différentes clefs .

Ne pas perdre de vue que toute note placée *sur la ligne d'une clef* quelle qu'elle soit *prend le nom de cette clef*

EXEMPLE

La *transposition* est l'art de transporter un morceau de musi_ _que d'un ton quelconque *à un autre ton* .

Pour cela les différentes clefs ci-dessus peuvent nous être d'un grand secours, mais afin d'arriver à les employer avec un réel suc_ _cès, il ne suffit pas de savoir leur nom et de connaître la place qu'elles occupent sur la portée ; il faut les étudier et les pratiquer longtemps .

Le mot savoir est un vain mot sans la pratique, pratiquez donc et vous arriverez sûrement .

QUELQUES CONSEILS DANS LE CHOIX DES CLEFS POUR LA TRANSPOSITION.

Un demi-ton chromatique et un demi-ton diatonique plus haut

Pour les ½ tons chromatiques (XIIIme leçon) supprimez men_
talement les accidents du ton que vous voulez quitter subs
tituez-y par la pensée les accidents du ton où vous vou
_lez entrer et lisez les mêmes notes .

EXEMPLE

Pour transposer un demi-ton diatonique plus haut
employez la clef d'ut 3.me ligne en tenant compte bien en_
_tendu des accidents de la nouvelle tonalité .

EXEMPLE

Pour transposer un ton plus haut, même clef et mê_
_me observation pour les accidents que ci-dessus .

EXEMPLE

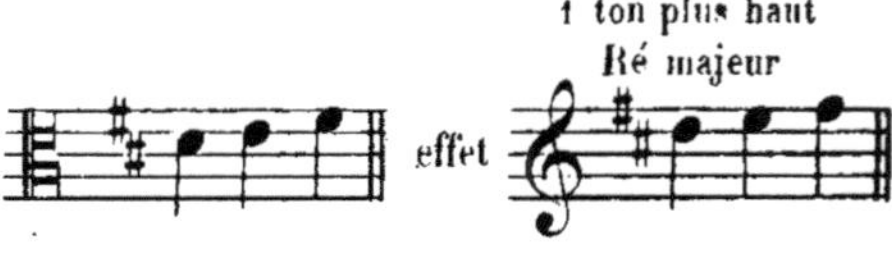

Une tierce majeure
Une tierce mineure plus haut

Pour transposer une tierce plus haut employer la clef de sol première ligne ou la clef de fa quatrième ligne

(Même observation pour les accidents)

EXEMPLE

Si l'on voulait transposer d'une tierce mineure on sup_ _poserait 3 bémols au lieu de 4 dièzes à la clef .

Une quarte plus haut

Pour la transposition d'une quarte plus haut , faites u_ _sage de la clef d'ut 2me ligne .

(Même observation pour les accidents)

EXEMPLE

Une quinte plus haut

Enfin pour la transposition de la quinte employez la clef de FA 3me ligne (Même observation pour les accidents)

Dans les transposition d'une quarte augmentée ou d'une quinte augmentée, etc, même clef que celles que nous ve _ _nons de nommer à condition cependant de tenir compte des différents accidents que comportent ces nouvelles tonalités

---

Il est bien entendu que la question de grave ou d'aigu n'entre pour rien dans le sujet qui nous occupe .

½ ton chromatique plus bas

Pour tranposer un demi-ton chromatique plus bas substituez mentalement aux anciens accidents les acci_dents du ton où vous voulez entrer et lisez les mêmes notes

EXEMPLE

Pour transposer d'un ton ou demi-ton diatonique plus bas, faites usage de la clef d'ut 4me ligne .

(Même observation pour les accidents)

EXEMPLE

D'un demi-ton diatonique plus bas

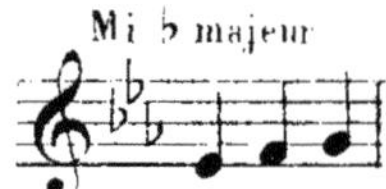

D'un ton diatonique plus bas

Pour transposer une tierce majeure ou mineure plus bas , si vous êtes en clef de fa 4me ligne , substituez-y une clef de sol 2me ligne et lisez les notes écrites .

(Même observation pour les accidents)

EXEMPLE

Pour les parties écrites en clef de sol 2.me ligne substituez une clef d'ut 1.re ligne .

(Même observation pour les accidents)

EXEMPLE

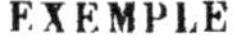

Beaucoup de personnes préfèrent dans les transpositions de do à si naturel et de fa à mi naturel l'emploi de sept bémols à la clef ce qui leur permet de lire les notes telles qu'elles sont écrites .

EXEMPLE

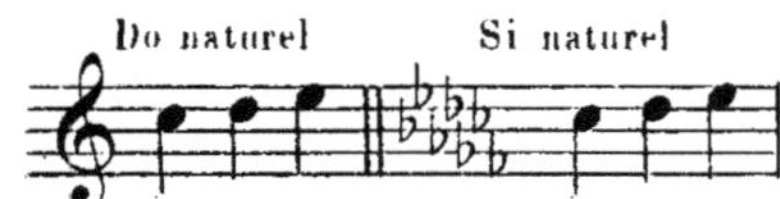

C'est affaire d'habitude et de goût .

Pour terminer sur ce sujet de la tranposition, nous allons exposer deux observations assez curieuses dont quelques musiciens pourront faire leur profit .

Dans une musique d'harmonie où plusieurs instruments pour être d'accord sont obligés de jouer dans un ton différent, prenons au ha_ _sard le piston qui est en si bémol, le petit bugle qui est en mi bémol

et le trombone qui est en ut . Si à ces trois instruments nous vou_
_lons faire exécuter la même gamme nous obtiendrons la disposi _
_tion suivante .

PISTON SI ♭

PETIT BUGLE MI ♭

TROMBONE en UT

Un détail qui frappe au premier abord , c'est de voir que les
notes de l'instrument en mi ♭ occupent sur la portée la même pla_
_ce que les notes de l'instrument en ut . Si vous voulez lire avec
le petit bugle la partie écrite en ut , supposez cette partie écrite
en clef de sol , enlevez les deux bémols placés à la clef pour y met_
tre un dièze et à l'aide de ce simple changement , vous pourrez a
_vec votre petit bugle lire la musique écrite pour trombone ou pour
hautbois en ut .

Le musicien qui joue la basse en mi ♭ , ne serait pas peu surpris
si on lui donnait à exécuter la partie de petite flûte en ré ♭ .

En effet, comment lui faire croire que ces deux parties extrêmes
écrites dans deux tons différents occupent sur la portée absolument
la même position une tierce au dessous ?

Que le lecteur se rende à l'évidence .

PETITE FLÛTE RÉ ♭

BASSE SI ♭

La tonalité est différente: mais il suffit à l'artiste qui joue la bas_
_se en si ♭ de supprimer l'armure dans la partie de petite flûte, et de
lire cette partie comme si elle était écrite en clef de fa 4.me ligne.

DU COMMA

Beaucoup de musiciens ignorent ce qu'est véritablement un *com_
ma*. Suivant les uns c'est la moitié d'un quart de ton, suivant les au
_tres c'est la neuvième partie d'un ton.

Il y a du vrai dans ces deux assertions.

En pratique c'est bien de *neuf commas* dont se compose le ton,
mais en théorie il ne saurait en être de même, voici pourquoi:

Théoriquement tous les tons ne sont pas égaux dans l'octave.

En effet sur l'orgue, le piano et d'autres instruments à sons fixes,
il n'y a et il ne peut y avoir d'intervalle complètement d'accord que
la seule octave. La raison en est que trois tierces majeures ou qua_
tre tierces mineures devant faire une octave juste, les quatre tier
_ces susnommées étant rigoureusement justes dépasseraient l'octave
tandis que les trois tierces majeures n'y arriveraient pas.

On est donc obligé, suivant les lois du tempérament, pour obte_
_nir la justesse de l'octave, de renforcer les tierces majeures qui y

sont continues et d'affaiblir les mineures .

Puisque nous reconnaissons que les intervalles ne sont pas ab_
solument justes, les tons devront nécessairement subir les consé
_quences de cette légère variation d'où l'on peut conclure que les
tons ne sont pas égaux entre eux; sur le piano, chacun sait, qu'il ex_
_iste en effet des tons majeurs et des tons mineurs .

Dès lors si l'on considère le comma comme étant la neuvième
partie d'un ton, il est évident que ce comma n'aura pas partout la
même valeur, chose inadmissible et du reste illogique .

Il vaut donc mieux admettre, et cela avec raison, que le nombre
des commas contenus dans un ton peut varier entre huit et neuf
selon que le ton dont il s'agit est majeur ou mineur.

Voyons maintenant quel est le rapport du comma avec les notes
enharmoniques . On sait que sont nommées enharmoniques les notes
qui sans changer de place sur les instruments à son fixe comme le
piano, l'orgue, etc : occupent cependant une position différente sur la
portée (XIV.ᵉ leçon) ces notes s'emploient de préférence dans la modula_
_tion, quand on veut par exemple passer d'un ton à un autre .

Mais si sur les instruments que nous venons de nommer un do♯
équivaut à un ré ♭, un ré ♯ à un mi ♭, il n'en est pas de même pour
les instruments où le son n'est pas fixe .

Sur le violon par exemple l'instrumentiste emploie deux doigtés dif_
_férents pour établir la différence qui existe entre ce même do ♯ et ce
même ré ♭, ré ♯ et mi ♭. Il y a entre ces deux notes une différence as_
_sez sensible pour que l'on puisse l'apprécier même à l'oreille.

Qu'on en juge d'ailleurs par l'exemple suivant :

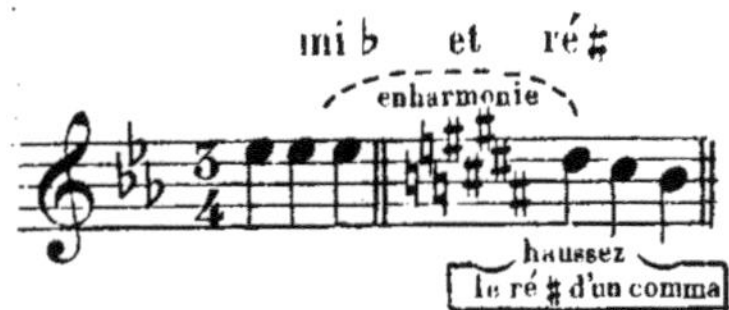

Ces passages d'une note à sa correspondante enharmonique exigent beaucoup de science et beaucoup d'oreille, nous ne saurions donc trop recommander à l'exécutant d'y apporter de l'attention.

CONSEILS AUX JEUNES ÉLÈVES SOUCIEUX DE DEVENIR DE BONS CHANTEURS ET DE BONS MUSI_CIENS

Notre tâche est à peu près terminée, à l'élève, maintenant qui con_naît les principes élémentaires de la musique, de se mettre à l'œuvre et de travailler avec ardeur.

Je sais par expérience combien les commencements sont durs, sur_tout pour les intelligences rebelles à toute idée musicale. Mais n'ou_blions pas que si la tâche est rude, elle ménage par la suite de bien douces surprises à ceux qu'elle n'aura pu décourager.

Ce traité ne contenant qu'un exposé des principes élémentaires de la musique, je recommande tout particulièrement aux futurs chanteurs, les exercices d'application de M. Danhaüser professeur au Conservatoire; les élèves trouveront dans ce solfège les éléments nécessaires pour de_venir de parfaits musiciens.

DE LA POSITION QUE L'ON DOIT PRENDRE EN CHANTANT

Lorsque l'on chante, on doit se tenir droit, les bras et les épaules effacées afin que la poitrine bien dégagée permette à la voix de sortir librement . Donner le son naturel sans vous forcer, bien ouvrir la bouche et articuler d'une façon distincte .

DE LA MANIÈRE DE RESPIRER

C'est à tort, croyons nous, que les temps de respiration sont indi qués sur certains solfèges, il est toujours onéreux de multiplier sans qu'il soit nécessaire les préocupations de l'élève. D'ailleurs l'enfant res_ _pirant plus souvent que l'adulte, il s'ensuit qu'une indication bonne pour l'un peut devenir mauvaise pour l'autre .

En général, et à moins d'être obligé de faire autrement, respirez sur les silences, la respiration sera d'autant plus longue que le silence aura plus de valeur . Si le passage que l'on chante ne comportait pas de silence, on s'arrangerait à prendre une brève respiration sur une fin de phrase ou après une virgule, mais jamais dans le corps d'un mot . Dans certains morceaux de chant où la respiration est des plus difficiles, le compositeur indique celle-ci au moyen d'une virgule ' ou d'une double virgule " ; sur la virgule on pourra prendre une bonne respiration, sur la double virgule une demi respiration seulement .

On devra tous les matins faire une heure de vocalises, monter sur le mot *ah* des gammes dans tous les tons . *Filer des sons*, c'est à dire at_ _taquer très doucement une note, l'enfler d'une manière progressive jusqu'au moment où, ayant donné toute la force de son dont on est capa_ _ble on diminuera dans les mêmes proportions .

EXEMPLE :

Ne cherchez pas à monter plus haut que les cordes vocales ne vous le permettent, vous vous exposeriez à perdre votre voix .

Les chanteurs feraient bien à cet effet d'avoir toujours sur eux un *diapason*[1]

---

[1] Sorte de petit instrument à lame ou à deux branches d'acier lequel mis en vibration produit la note : La

ils pourraient ainsi s'assurer que ton dans lequel ils chantent est bien celui qui leur convient .

On ferait bien aussi de ne travailler au début gammes et vocalises, qu'à l'aide d'un instrument bien juste , cela empêche de détonner , chose qui pourrait arriver dans des passages comme ceux-ci

EXEMPLE

Pour finir recommandons aux élèves d'apporter beaucoup d'attention à la mesure, aux accidents placés à la clef, aux **PP**, aux *ff*, enfin à tou_ _tes les nuances qui servent à traduire et compléter la pensée du com_ _positeur . Un chant qui ne serait pas nuancé ressemblerait à un tableau d'où seraient exclus les effets d'ombre et de lumière ; on ne devra ja_ _mais perdre l'occasion d'entendre de grands artistes, c'est dès le début et dans la première phase de son talent qu'il faut savoir s'entourer de bons modèles .

F I N

TABLE DES MATIÈRES

Imp: CREVEL Fres r⁵ St Denis 18. Paris.

www.ingramcontent.com/pod-product-compliance
Ingram Content Group UK Ltd.
Pitfield, Milton Keynes, MK11 3LW, UK
UKHW022056170726
13837UKWH00002B/964